© Editions Gallimard, 1989
Dépôt légal : octobre 1989
Numéro d'édition : 47386
ISBN : 2-07-039554-5
Imprimé par la Editoriale Libraria en Italie

LE LIVRE DES PILOTES DE L'ENFER

HISTOIRE DE L'AVIATION / 3

COLLECTION DECOUVERTE CADET

Texte et illustrations
Jame's Prunier

GALLIMARD

Haut vol

Je me suis évadé de la sombre prison du monde
Et j'ai fait danser le ciel sur mes ailes au sourire d'argent ;
Guidé par le soleil, je me suis élevé jusqu'au tumulte joyeux
Des nuages déchirés de lumière. Accomplissant mille
*   prouesses*
Fantastiques, j'ai tourné, j'ai plané, j'ai foncé
Bien haut dans le silence lumineux. Loin devant moi
J'ai poursuivi les vents hurlants et j'ai mené
Mon avion véhément parmi les jardins suspendus de l'azur.

Monte, monte, dans l'embrasement bleu, mon
*   enthousiasme !*
Simplement, doucement, les altitudes battues par le vent
*   sont dépassées,*

Que ni l'alouette ni l'aigle même n'ont jamais survolées.
Alors, dans le silence exaltant de mon cœur, je me suis
*   avancé*
Vers les hauts lieux inexplorés de l'espace,
J'ai tendu la main et j'ai touché la face de Dieu.

John Gillepsie Magee

Ce livre appartient à

....

En 1921, l'ingénieur italien Gianni Caproni construit un hydravion géant prévu pour le transport de 100 personnes au-dessus de l'Atlantique. Il lui donnera son nom : le *Capronissime*.

Je sens ma poitrine s'ouvrir comme un grand trou où tout l'azur du ciel, lisse, frais et torrentiel s'engouffre avec délices.
Je suis une fenêtre ouverte, éprise de soleil et qui s'envole vers lui !
Filippo Tommaso Marinetti

Les géants du ciel

Trois hydravions, trois échecs

En 1929, le constructeur allemand Claude Dornier met au point le Dornier Do.X, véritable palace volant.

Le 21 octobre 1929, le Dornier Do.X vole, avec 169 passagers, au-dessus du lac de Constance.
Mais il ne fait pas ses preuves malgré un difficile voyage de prestige à travers les deux Atlantiques en 1930.
Considéré comme une entreprise irréaliste, il termine sa carrière dans un musée de Berlin.
Qu'à cela ne tienne! Dans le domaine du vol transatlantique commercial, tout reste à faire... et à prouver.

L'avion américain Hughes H.4 Hercules.

9

Les croisières volantes

Une technologie impressionnante

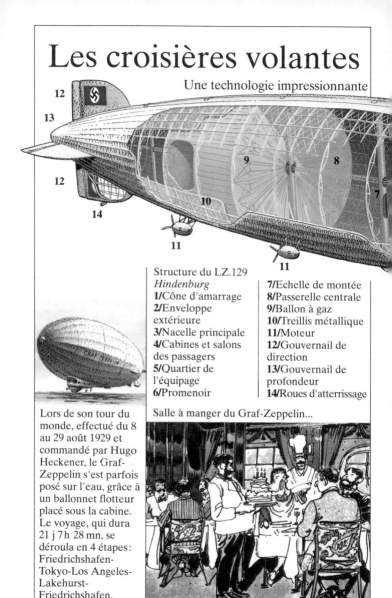

Structure du LZ.129 *Hindenburg*

1/Cône d'amarrage
2/Enveloppe extérieure
3/Nacelle principale
4/Cabines et salons des passagers
5/Quartier de l'équipage
6/Promenoir
7/Echelle de montée
8/Passerelle centrale
9/Ballon à gaz
10/Treillis métallique
11/Moteur
12/Gouvernail de direction
13/Gouvernail de profondeur
14/Roues d'atterrissage

Lors de son tour du monde, effectué du 8 au 29 août 1929 et commandé par Hugo Heckener, le Graf-Zeppelin s'est parfois posé sur l'eau, grâce à un ballonnet flotteur placé sous la cabine. Le voyage, qui dura 21 j 7 h 28 mn, se déroula en 4 étapes: Friedrichshafen-Tokyo-Los Angeles-Lakehurst-Friedrichshafen.

Salle à manger du Graf-Zeppelin...

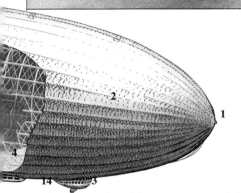

Le R-100 anglais au mât d'amarrage de Montréal Saint-Hubert.

A l'issue de chaque voyage, le dirigeable est amarré par la proue à un mât autour duquel il peut pivoter librement, selon le sens du vent.

La traversée aérienne commerciale de l'Atlantique est assurée, dans les années 30, par le dirigeable qui offre un confort total et une sécurité absolue. Lent et majestueux, le vaisseau du ciel éclipse de son ombre le paquebot, roi détrôné de l'océan.

A 1000 m d'altitude, un navire aérien s'avance majestueusement, propulsé par cinq moteurs : il renferme dans sa nacelle une cabine de pilotage, un poste de navigation, un poste pour l'équipage, des cabines pour les passagers, une cuisine, une salle à manger, bref, cet ensemble qu'on retrouve, à une plus grande échelle évidemment et avec plus de confort, à bord d'un paquebot transatlantique, mais qu'on s'étonne, malgré tout, de rencontrer filant à 3000 pieds dans les airs.

L'Illustration

... et le poste de pilotage

11

La fin des dirigeables

La catastrophe du *Hindenburg*

21 décembre 1923
Le *Dixmude*,
dirigeable français,
est pris dans un orage
près des côtes de
Sicile : 50 disparus.

5 octobre 1930
Le R-101 anglais fait
route vers l'Inde pour
son voyage inaugural.
En pleine nuit et par
mauvais temps,
il heurte une colline
près de Beauvais
et prend feu
immédiatement :
51 victimes.

4 avril 1933
Le dirigeable
américain *Akron*, en
perdition dans une
tempête, s'écrase
dans le New Jersey :
73 morts.

Cette série de
catastrophes remet
très sévèrement en
cause l'existence des
dirigeables, les «plus
légers que l'air»; on se
tourne alors vers les
«plus lourds que l'air».

6 mai 1937
Au terme de sa
première traversée
de l'année, le
Hindenburg allemand
s'approche lentement
de son mât
d'amarrage, à
Lakehurst. Une foule
de spectateurs
impressionnés
l'acclame. Soudain,
une terrible explosion
à l'arrière enflamme
l'hydrogène contenu
dans l'immense
enveloppe.
En quelques secondes,
le vaisseau du ciel
s'embrase, se
disloque et s'écrase,
squelette rougeoyant,
dans un amas de
poutrelles métalliques
tordues.
Sur les 97 occupants
de l'aérostat,
63 survivront à cette
catastrophe.
Le rapport officiel de
l'enquête conclut à un
incident technique de
haubanage ou à une
décharge d'électricité
statique, bien que la
thèse d'un attentat
contre le régime nazi
soit la plus probante.

Plus vite que le bateau

L'hydravion *Ville-de-Saint-Pierre*

A la fin des années 30, on effectue des vols d'exploration transatlantique à bord de gros hydravions afin d'établir des lignes aériennes régulières entrecoupées d'escales. Dès lors, la suprématie du transport maritime est mise en question. Le 30 juillet 1939, lors du 9e voyage d'étude d'Air France transatlantique, effectué entre Biscarrosse et New York, le Latécoère Latés 521 *Ville-de-Saint-Pierre* survole de nuit le paquebot *Normandie*, parti le 27 du Havre, qui fait route vers New York.

Les clippers
D'un continent à l'autre

Boeing 314 Clipper
venant de San
Francisco et arrivant à
Hong-Kong en 1941 :
ligne inaugurée le 23
octobre 1936 par le
Martin M.130
*Philippine-
Clipper*.

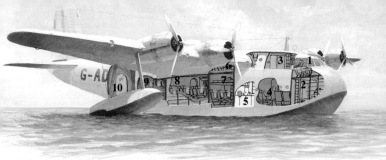

Aménagement de l'hydravion Short S.23 :

1/Poste de pilotage	passagers	**8/**Salon promenade avec 8 passagers assis
2/Compartiment d'amarrage	**5/**Cuisine	**9/**Salon arrière avec 6 places
3/Poste mécaniciens et radio	**6/**Soute postale	**10/**Soute à bagages
4/Salon fumoir pour 7	**7/**Salon du milieu avec 2 couchettes prêtes et 3 places	

La Pan American Airway, en hommage aux fins et rapides voiliers du XIXᵉ siècle, désigne chacun de ses hydravions du nom de clipper.

Un service aéropostal, un service passagers

Le 22 novembre 1935, le Martin M.130 *China-Clipper* inaugure un service aéropostal San Francisco-Hawaii-Midway-Wake-Guam-Manille, en 59 h 48 mn (6 jours de vol) puis, le 21 octobre 1936, un service passagers.

Le 20 mai 1939, le Boeing Model 314 *Yankee-Clipper* établit un service aéropostal New York-Lisbonne-Marseille et inaugure, le 28 juin suivant, le premier vol avec passagers, et, parallèlement, un service New York-Southampton, aéropostal d'abord, le 24 juin 1939, passagers ensuite, le 8 juillet 1939.

Les routes aériennes une fois établies, on transporte régulièrement le courrier, puis les passagers et le fret, à travers le monde par-dessus les océans, dans ces appareils à la coque ventrue offrant espace et confort.

1945, l'hydravion transatlantique Latécoère 631

Le poste de pilotage

Les bimoteurs

Boeing et Douglas

Boeing 247

Dans un Boeing 247 :
pour le confort des
passagers, les cabines
cloisonnées sont
insonorisées et
climatisées, les sièges
s'inclinent
(sur le Douglas
D.S.T., on trouve
des couchettes). De
nouvelles professions
se développent :
celles de steward et
d'hôtesse.

A la fin des années 30, les hydra-vions commerciaux dominent le ciel. Les avions classiques manquent d'au-tonomie (de rayon d'action) et sont peu sûrs au-dessus des océans. Les îles desservies ne possèdent pas toujours d'aérodrome.

Cependant, les spécialistes consta-tent très vite que l'hydravion est à la fois un avion médiocre (il perd en aérodynamisme et en vitesse, en raison de sa coque massive) et un mauvais bateau.

En 1933, apparaît une forme d'aéronef tout à fait révolutionnaire, préfigurant l'avion tel qu'on le connaît aujourd'hui : un bimoteur, monoplan à aile basse, avec train d'atterrissage escamotable qui réduit la traînée. Aux Etats-Unis, le Boeing 247 apparaît, puis les Douglas DC-1 et DC-2. En 1935, le célèbre DC-3 im-pose définitivement l'avion de trans-

port. Construit à plus de 11 000 exemplaires dont certains volent encore aujourd'hui.

Déjà, le jour flaire aux hublots, pique
en oblique dans nos crânes (…)
Il y a, sur l'aile en acier, un givrement
d'arbre en décembre

Luc Bérimont

Le moteur de bout de nez des trimoteurs disparaît et les formes anguleuses cèdent la place aux lignes aérodynamiques du fuselage métallique lisse à revêtement travaillant*.

(pour les mots suivis d'un astérisque, se reporter au petit lexique.)

Douglas DC-3

Le Lockheed* 14 américain, 1937. Un des premiers avions équipés de volets mobiles d'intrados*.

Structure d'un Douglas DC-3 :
longueur, 19,70 m
envergure, 28,95 m
hauteur, 5,16 m
poids au décollage, 11 340 kg
14 à 28 passagers
309 km/h de vitesse de croisière
2 409 km de rayon d'action

The Lindbergh Line

TWA

Le Bourget

L'aéroport des années 30

Paris, le Bourget, 1937 : 18 162 arrivées ou départs, 127 713 passagers, 360 tonnes de poste, 2 146 tonnes de fret. Seuls, en Europe, Londres-Croydon et Berlin - Tempelhof affichent de tels chiffres.

Les aéroports qui desservent les grandes villes deviennent fonctionnels et s'agrandissent pour accueillir un trafic aérien de plus en plus important. Ils sont le véritable lien avec les capitales des pays d'où proviennent les avions. Les passagers, au nombre de 10, 15, parfois 30 et plus, voyagent désormais en tenue de ville.

Alors qu'un Douglas DC-2 de la Swiss-Air va atterrir, un Wibault 283 d'Air France charge des passagers. A sa gauche, un biplan anglais Short Scylla des Imperial Airways.

L'envol vertical
Hélicoptères et autogires

Après 1918, on reprend les expériences sur le vol vertical. Inventé par l'Espagnol Juan de la Cierva, l'autogire est un avion mâtiné d'hélicoptère.

L'autogire :
un fuselage d'avion monomoteur,
un empennage et,
à la place des ailes,
un rotor* muni de 3 ou 4 pales tournant librement grâce au déplacement de l'autogire dans l'air (dû à l'hélice tractive). Cette autorotation assure la sustentation de l'appareil qui décolle comme un avion, mais sur une distance plus courte, vole beaucoup plus lentement et atterrit presque verticalement, comme un hélicoptère.

Le 9 janvier 1923, un prototype, l'**Autogire** C-4, parvient à s'élever à quelques mètres au-dessus du sol sur une distance de 200 m ; puis, le 31 janvier, il boucle, en 4 mn, un circuit de 4,5 km à 25 m d'altitude. De 1925 à 1940, l'autogire se perfectionne. Construit en grand nombre, il est utilisé dans différents pays du monde. Mais, incapable de faire un vol stationnaire, il sera supplanté par l'hélicoptère.

En 1922, l'Italien Pateras Pescara est le premier à décoller à bord d'un **hélicoptère** et, le 18 avril 1924, à Issy-les-Moulineaux, il établit un record en parcourant 736 m. Le 4 mai 1924, le Français Etienne Oehmichen boucle le premier kilomètre en circuit fermé avec son hélicoptère n° 2, à Arbouans.

L'hélicoptère n°2 d'Oehmichen

L'hélicoptère Focke-Achgelis Fa.61 à 2 rotors contrarotatifs, piloté par Hanna Reitsch, réalise, en 1938, dans le stade couvert Deutschland Halle, à Berlin, un vol stationnaire et quelques manœuvres. En 1937, ce même appareil remportait le record mondial de durée de vol avec 1 h 20 mn 49 s, battant celui du Breguet-Dorand, en 1936, de 1 h 02 mn 50 s.

Igor Sikorsky, le constructeur russe émigré aux Etats-Unis, met au point la formule de l'hélicoptère moderne* avec son vol captif du 14 septembre 1939.

Polikarpov I-15, 1934. Avion russe très agile, disposant de 4 mitrailleuses et d'un train d'atterrissage rentrant à fonctionnement manuel.

Les jeunes Allemands sont initiés très tôt au modèle réduit et à l'aviation sportive.

Une nouvelle génération

Revêtement de toile, train d'atterrissage le plus souvent caréné, moteur enveloppé d'un capot profilé, casserole d'hélice* placée à l'extrémité de l'axe de rotation de celle-ci : tel est le type d'avion **biplan** de l'entre-deux-guerres.

A la fin des années 30, apparaît le nouveau chasseur, issu des avions des «rois de la vitesse» : un **monoplan** à revêtement métallique travaillant riveté, à habitacle fermé et à train d'atterrissage rentrant.

Des records de vitesse

L'Allemand Hermann Wurster dépasse les 600 km/h, en 1937, sur Messerschmitt Bf-109-V13. Ernst Udet, puis Hans Dieterle sur Heinkel 112 atteignent 746 km/h, battant le record de Francesco Agello sur hydravion, en 1938 et 1939. Et Fritz Wendell sur Messerschmitt Bf-109 vole à 755 km/h, en 1939.

L'aviation militaire

Du biplan au monoplan

Des records d'altitude

Entre 1936 et 1938, se succèdent les records d'altitude que se partagent les Anglais, avec Bristol 138, et les Italiens, avec Caproni 161 : en 1938, l'Italien Mario Pezzi atteindra 17083 m.

Il a suffi d'un simple virage
Sur l'aile, et le ciel a basculé,
Engloutissant tout : les pâturages,
Les maisons, la mer, les champs
de blé…
Jean-Luc Moreau

Boeing P-26 (E.-U.), 1933.

Dewoitine D.501 (France), 1933.

On ne peut douter, en effet, que les escadres aériennes, capables d'opérer au loin, douées d'une foudroyante vitesse, manœuvrant dans les trois dimensions, frappant des coups verticaux - les plus impressionnants de tous - doivent jouer un rôle capital dans la guerre de l'avenir.
Général de Gaulle

Un vol en formation de chasseurs anglais Hawker Fury, en 1934.

25

La guerre d'Espagne
Guernica

L'avion italien Fiat CR-32 aux couleurs des nationalistes.

Le Polikarpov I-16 russe, de l'aviation républicaine espagnole.

De 1936 à 1939, l'Espagne connaît une guerre civile qui oppose le gouvernement républicain à une insurrection militaire et nationaliste : deux camps face à face, aidés chacun par du matériel et des hommes de pays alliés. Dans le ciel espagnol, tournoient des avions de construction russe, italienne, française, anglaise, allemande : une occasion de tester des armes nouvelles et dont les belligérants de la Seconde Guerre mondiale se souviendront. L'aviation allemande, la Luftwaffe, est redoutable avec le chasseur Messerschmitt Bf-109, les Junkers Ju. 87 et Heinkel He. 111.

La chasse fasciste tomba des nuages supérieurs.
André Malraux

Le terrible bombardier Junkers Ju. 87, dit Stuka, sème la panique lorsqu'il attaque en piqué au son de sirènes, baptisées «trompettes de Jéricho».

Le lundi 26 avril 1937, les bombardiers allemands de la légion Condor fondent sur la cité basque de Guernica qu'ils mettent à feu : c'est la première utilisation en masse de bombes incendiaires contre une agglomération. Madrid, Barcelone, Bilbao… autant de villes martyres, de civils anéantis, ce qui soulève l'indignation du monde entier.

27

Les armées de l'air

1939-1945

Quelques-uns des uniformes et tenues de vol des aviateurs de 1939 à 1945

de gauche à droite :
allemand (légion Condor)
polonais
belge
français
anglais
italien
allemand
anglais
belge
français
russe
japonais
américain
anglais
américain
allemand

Quelques emblèmes distinctifs d'escadrille, écussons, ou peintures décorant les flancs des avions…

… et les cocardes caractéristiques

1/Allemagne, 1938, 1940, 1944
2/Angleterre, 1940, 1942, 1942 (nocturne)
3/Belgique, 1940
4/France, 1939, 1941 (gouvernement de Vichy)
5/Hollande, 1939, 1940
6/Pologne, 1939
7/Espagne, 1939
8/Etats-Unis, 1940, 1942, 1944
9/Russie
10/Italie, 1939, 1940
11/Japon
12/Chine
13/Australie, 1942

Les chasseurs

Des monoplans redoutables

L'agilité des chasseurs de la Première Guerre mondiale cède la pas à la vitesse ascentionnelle, à la vitesse en palier et à la vitesse en piqué de ces monoplans redoutables.

Le chasseur allemand Messerschmitt Bf-109 vole en 1935, équipé d'un moteur Daimler-Benz à 12 cylindres (plus de 35 000 exemplaires).

Habitacle du chasseur anglais Spitfire, conçu en 1934, opérationnel en 1938. Descendant du Supermarine S.6B, il sera construit à plus de 20 000 exemplaires, jusqu'en 1947, et présentera plus de 40 versions.

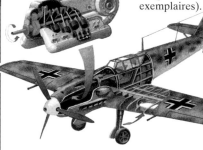

Hélices à pas variable.
Les chasseurs sont équipés d'hélices métalliques multipales à pas variable. Les pales de l'hélice attaquent l'air sous un certain angle : c'est le pas de l'hélice. Cet angle peut être modifié en fonction du régime du moteur* et de la traction désirée de l'hélice. C'est le pas variable de l'hélice.

Le pilote est enfermé dans l'habitacle, recouvert par une canopée. Le pare-brise, le dossier et l'assise du siège sont blindés ainsi que toutes les parties vulnérables de l'avion (réservoirs, magasins de munitions...). Sur le manche à balai, sont centralisées les détentes des armes de bord : canons et mitrailleuses situés dans le capot et dans les ailes. Selon la mission du chasseur (interception, chasse de nuit, attaque au sol) et l'environnement géographique, le camouflage diffère pour atteindre un mimétisme presque parfait.

Machines de mort, d'est en ouest
Dans le noir du ciel grondent;
Machines de mort, d'ouest en est
Dans le noir foncent.
William Soutar

Le chasseur français Dewoitine D.520 : 1 canon de 20 mm et 4 mitrailleuses.•

Chasseur américain Lockheed P.38 Lightning, à fuselage bipoutre. Il est spécialisé dans l'interception à haute altitude.

Junkers Ju.88 de la Luftwaffe en version chasseur de nuit, avec radar de nez destiné à repérer les avions ennemis.

31

La guerre éclair

Des avions et des chars

Le Stuka*, bombardier
attaquant en piqué,
surnommé «vautour
hurlant».
Il peut placer
les projectiles
à quelques
mètres
près.

Les Allemands, dans leur stratégie d'envahissement, se fondent sur l'utilisation simultanée de l'avion et du char : bombardement d'aérodromes, largage de parachutistes et déferlement d'unités blindées soutenues par l'aviation. La Pologne, le Danemark, la Norvège, les Pays-Bas, la Belgique, le Luxembourg et la France, totalement désorganisées, sont les victimes de cette guerre éclair.

La bataille d'Angleterre

1940, Luftwaffe contre R.A.F.

Comme Napoléon, Hitler veut envahir l'Angleterre. Cette opération, surnommée «Lion de mer», se déroule en trois étapes. Juillet 1940, un blocus est établi sur la Manche, les convois de ravitaillement

Le Reichsmarschall Hermann Goering, as de la Grande Guerre, commandant en chef de la Luftwaffe, dirige l'attaque contre l'Angleterre.

Le radar...

1   2

Pilotes anglais (1) et allemand (2)

On peint les lampadaires de bandes blanches pour le black-out (extinction des feux).

anglais sont anéantis. Août 1940, les bases de la R.A.F. (Royal Air Force) sont attaquées : le 13 août, le «jour de l'Aigle», 900 bombardiers et autant de chasseurs se ruent sur les bases anglaises afin de neutraliser la défense aérienne.

...et la salle de contrôle pour suivre les raids ennemis et guider la chasse.

Plateforme de secours pour les pilotes

Les phares des autos sont obstrués par des écrans afin de respecter le black-out : un mince filet de lumière passe, invisible du ciel.

Septembre 1940, Londres et les grandes cités britanniques sont bombardées, mais les Anglais disposent d'une arme secrète, le radar (Radio Detection And Ranging). C'est l'échec pour les Allemands. Hitler renonce à envahir l'Angleterre et se prépare alors à attaquer l'Union soviétique. Il ne met pas fin pour autant aux bombardements de nuit : le Blitz (éclair).

Couchés dans le soir nous entendons
le bruit des avions.
Usines dans le ciel ils nous envoient
le chant des turbines.
D'incroyables moulins sans répit
tournent dans la voie lactée
puis se délestent de leur charge sur
les maisons et sur les hommes.

Nordhal Grieg

Scamble ! C'est l'alerte !

L'Air Chief Marshal Sir Hugh Dowding commande la chasse anglaise de la R.A.F. (Fighter Command*).

Le Grand cirque

Le 15 septembre 1940 a lieu l'attaque la plus intense de la Luftwaffe contre les Anglais : des centaines d'avions à croix noire bombardent ceux de la R.A.F. Mais le Fighter Command sillonne déjà le ciel.

L'excitation s'infiltre dans les muscles par saccades, s'accroche à la gorge. Toutes les appréhensions s'envolent. Mes doigts vibrent en harmonie avec les commandes, les ailes de l'avion me sortent des flancs, et les pulsations de mon moteur frémissent dans mes os. (...) Enfin à portée ! Mon pouce écrase la détente et mes canons secouent en tempête les ailes du Spitfire. (...) Le cockpit brillant vole en éclats. Mes obus de 20 mm entrent, déchirent, remontent vers le moteur dans une danse mortelle d'explosions et d'étincelles qui sautillent sur l'aluminium.

Pierre Clostermann

Le Spitfire,
héros de la bataille
d'Angleterre.

Les avions de transport

Les ponts aériens

Le premier grand pont aérien de l'histoire est effectué, en 1936, par 20 Junkers Ju. 52, pour le transport des troupes nationalistes du Maroc en Espagne, soit 7000 hommes en 6 semaines.

Les Ju. 52 larguent des colis à Stalingrad.

En 1942, les C-47 effectuent un gigantesque pont aérien au-dessus de l'Himalaya pour ravitailler les Américains encerclés en Chine : le «hump», (la bosse).

Le déjà célèbre trimoteur Ju. 52 est le principal avion de transport de la Luftwaffe.

En Russie, la Luftwaffe utilise un énorme hexa-moteur, l'avion de transport Messerschmitt Me.323, dérivé du planeur géant Me.321 Gigant. Tel un

ogre, il peut engloutir jusqu'à 22 tonnes : véhicules, canons ou 130 hommes équipés.

Les Alliés, eux, disposent surtout du Douglas C-47, le Dakota, appelé ainsi par les Alliés, version militaire du fameux DC-3. Donald Douglas, son créateur, déclare :

«Notre travail consista à transformer l'autobus en camion.» Véritables

Planeurs Horsa du débarquement en Normandie.

bêtes de somme, les C-47 assurent les missions les plus diverses : largage de parachutistes, remorquage de planeurs, évacuations sanitaires…

Les Douglas C-47 inaugurent le pont aérien au-dessus de l'Atlantique, en 1942 (Terre-Neuve, Labrador, Groenland, Islande, Ecosse) grâce auquel les Etats-Unis acheminent leurs avions pour la guerre.

Le Messerschmitt Me.323, premier avion de transport militaire…

… spécialisé pour les charges volumineuses.

Les Allemands sont les premiers à utiliser les planeurs pour le transport des troupes et du matériel. avec le DFS-230.

Le planeur anglais Hamilcar
Du côté des Alliés, les planeurs les plus couramment utilisés sont l'Hamilcar, qui peut transporter un char, le Horsa anglais et le Waco CG-4 américain.

La bataille de Stalingrad, hiver 1942-1943.

«Hans, le casseur de chars» (519 chars officiellement perdus), pseudonyme de Hans-Ulrich Rudel est le plus célèbre des pilotes de Stuka.

En juin 1941, une offensive éclair de la Luftwaffe, l'opération Barberousse, anéantit la majeure partie de l'aviation soviétique. L'avantage sera de courte durée, car l'hiver arrive. Dans cet immense pays, où les avions adaptent leur camouflage aux saisons extrêmes, on assiste à des combats inhabituels : des avions contre des chars.

Je pilotais avec la sûreté d'un somnambule. Je me précipitais sur le char comme un homme ivre, je zigzaguais sans cesse, je stabilisais l'appareil pendant seulement une fraction de seconde, à environ 15 m du sol et à une distance de 100 à 200 m de l'objectif (…). Je tirais juste, au centimètre près. Ensuite, je recommençais à voler en zigzag, car si j'avais volé tout droit, je me serais évidemment fait descendre.
Hans-Ulrich Rudel

Le chasseur de chars, Ju. 87 Stuka, armé des deux redoutables canons antichars de 37 mm.

L'opération Barberousse

Des avions contre des chars

Un Yakovlev Yak. 3 russe du Normandie-Niémen

Les Anglais et les Américains envoient des avions aux Russes et d'autres pilotes les rejoignent, comme les Français qui constituent, à partir de 1942, le régiment Normandie-Niémen.

La «mort noire», surnom donné par les tankistes allemands au chasseur de chars russe Iliouchine Il. 2 Stormovik.

Les «sorcières de la nuit», femmes pilotes russes, effectuent des missions de bombardement nocturnes au-dessus des lignes allemandes.

41

L'Afrique et l'Asie
Les «tigres volants»

Messerschmitt Bf-110, en Afrique du Nord.

Claire Chennault est surnommé par les Chinois «Vieille Face de cuir», et ses pilotes arborant des blousons de cuir et des bottes de cow-boy, les «cowboys des nuages». Devenus en 1941 les «tigres volants*» (*Flying Tigers*), les volontaires de Chennault utilisent des Curtiss P-40 décorés d'une terrifiante dentition de squale.

L'Afrique

En 1941 et 1942, les attaques et les contre-attaques de blindés rythment la côte méditerranéenne de l'Afrique. La Luftwaffe (Afrika Korps : Flieger-führer Afrika), la Regia Aeronautica (armée de l'air italienne), la R.A.F. (Desert Air Force) et l'U.S. Army Air Force prennent une part importante dans la préparation des grandes batailles du désert. Dans son avion couleur sable, l'as allemand Hans-Joachim Marseille, surnommé l'«Etoile de l'Afrique», accumule, en un an, 151 victoires contre des chasseurs.

L'Asie

Depuis 1932, l'aviation nippone sème la terreur et, en 1937, le Japon attaque la Chine. Un Américain, Claire Chennault crée, avec une centaine de pilotes volontaires, l'A.V.G. (l'American Volunteer Group) pour venir en aide aux Chinois.

Les «tigres volants»

Le célèbre chasseur
japonais Mitsubishi
type 0 A6M2, modèle
21 Zeke, ou plus
simplement Zéro.

Pearl Harbor

L'attaque surprise

Hawaii : 7 décembre 1941, 6 heures du matin
La base navale de Pearl Harbor, où est concentrée la majorité de la flotte américaine du Pacifique, s'éveille. A 450 km de là, 6 porte-avions japonais s'avancent : 350 pilotes boivent le saké à la santé l'empereur Hiro-Hito. La première vague d'assaut composée de 183 avions prend son envol, suivie à 5 mn de la deuxième vague. A 300 km/h, les formations sont guidées par Radio Hawaii : «Légèrement nuageux, principalement au-dessus des massifs montagneux. Bonne visibilité. Vent de nord, 10 nœuds». Et soudain, l'orage éclate, les éclairs foudroient : c'est le chaos.

7 h 49 : le commandant de l'attaque surprise japonaise, lance «Tora! Tora! Tora!», *Tigre! Tigre! Tigre!* Au sol, les haut-parleurs hurlent «Attaque aérienne!» En moins de 2 h, le désastre est total : 18 navires perdus, 188 avions détruits au sol et 159 abimés, 2 403 morts et 1 178 blessés ; du côté japonais : 29 avions seulement de perdus.

Deux bombardiers en piqué Curtiss SB2C, *Helldiver*, s'apprêtent à apponter sur le porte-avions *Enterprise*, en 1944. Sous l'empennage, la crosse d'appontage est sortie pour accrocher un des brins d'arrêt, filins tendus en travers du pont.

L'*Enterprise*, porte-avions américain, 1938 : 25 500 t à pleine charge (27 chasseurs, 37 bombardiers en piqué, 15 bombardiers torpilleurs, 2 919 officiers et hommes de rang).

L'Angleterre, les Etats-Unis et le Japon sont les grandes puissances aéronavales de la Seconde Guerre mondiale.

Le porte-avions*, véritable base aérienne logeant un nombre important d'avions, constitue une force impressionnante capable d'intervenir n'importe où.

La superstructure* du bâtiment ne doit pas trop empiéter sur le pont d'envol qui, souvent encombré, reste limité. On utilise des catapultes pour le décollage et des brins d'arrêt pour

Les porte-avions
L'aviation embarquée

l'atterrissage. Des ascenseurs descendent les avions du pont d'envol dans les hangars. Là, les ailes repliées pour prendre le moins de place possible, ils sont rangés côte à côte. De l'efficacité de l'équipage de pont dépendent la bonne marche des opérations et le nombre des sorties d'avions.

Les combats les plus importants se sont déroulés dans l'océan Pacifique, entre Américains et Japonais.

Le *batman** guide l'avion de retour pour l'appontage :
1/«Sortez la crosse»
2/«Descendez»
3/«Cabrez»
4/«Venez à gauche»
5/«Comme ça»
6/«Coupez les gaz»

Grumman TBF *Avenger*, bombardier américain lance-torpilles.

LA BATAILLE DU PACIFIQUE

LES KAMIKAZES

18 AVRIL 1942: LE RAID PSYCHOLOGIQUE DE JAMES DOOLITTLE EST LA RÉPONSE A L'ATTAQUE DE PEARL HARBOR. LE JOUR DE L'ANNIVERSAIRE DE L'EMPEREUR DU JAPON, HIRO-HITO, 16 BOMBARDIERS B-25 MITCHELL DÉCOLLENT DU PORTE-AVIONS "HORNET". OBJECTIF, TOKYO. 30 SECONDES AU-DESSUS DE LA VILLE ET 64 BOMBES LARGUÉES.

C'EST LA LE DÉBUT D'UNE SUCCESSION DE BATAILLES ACHARNÉES, ENTRE 1942 ET 1945, OÙ LES PORTE-AVIONS JOUENT UN RÔLE DÉCISIF: LA MER DE CORAIL, MIDWAY, LA MER DES PHILIPPINES...

PARMI TOUS LES TYPES D'AVIONS ENGAGÉS, 2 CHAS-SEURS SE DISPUTENT LA MAÎTRISE DU CIEL: LE GRUM-MAN F6F HELLCAT (LE "CHAT DE L'ENFER"), BLINDÉ, TRAPU, FRUIT DE LA PRODIGIEUSE PRODUCTION AMÉRICAINE, ET LE ZÉRO, L'ACROBATE DU CIEL, DÉPOURVU DE BLINDAGE, MAIS VIF COMME L'ÉCLAIR.

LES AVIONS TOMBENT PAR CENTAINES. LES NAVIRES ET LES PORTE-AVIONS, TRAVERSÉS PAR LES BOMBES, ÉVENTRÉS PAR LES TORPILLES, COULENT PAR DIZAINES. N'AYANT PLUS DE PORTE-AVIONS OÙ SE POSER, DES PILOTES JAPONAIS TENTENT DÉSESPÉRÉMENT L'AMERRISSAGE.

AU MOYEN ÂGE, UNE TEMPÊTE DISPERSE UNE FLOTTE CHINOISE TENTANT D'ENVAHIR LE JAPON. LES JAPONAIS L'APPELLENT "KAMIKAZE" CE QUI SIGNIFIE "VENT DIVIN". C'EST SOUS CE NOM QUE DES PILOTES VOLONTAIRES VONT, EN 1945, LANCER LEURS AVIONS BOURRÉS D'EXPLOSIFS CONTRE LES NAVIRES AMÉRICAINS S'APPROCHANT DE L'EMPIRE DU SOLEIL-LEVANT. DANS CETTE ACTION ULTIME, LE PILOTE OFFRE SA VIE À SON EMPEREUR.

49

Les parachutistes
Du pionnier Berry à la «Route de l'enfer»

Les premières unités de parachutistes sont créées en Russie à partir de 1932. Les hommes sautent dans le vide depuis la grande aile du Tupolev ANT. 6.

L'opération «Merkur» : 1941, les Ju. 52 larguent les paras allemands sur la Crète, première île à être conquise par l'aviation seule.

Le premier homme à sauter d'un avion avec un parachute est l'Américain Berry, en 1912. La première mission aéroportée est effectuée par le lieutenant italien Tandura, parachuté derrière les lignes autrichiennes en 1918 pour un mission de renseignements.

Une image rare dans le ciel de 1914-1918. Pendant la Seconde Guerre mondiale, chaque pilote est équipé d'un parachute qui sauve bien des vies.

Les unités aéroportées sont des troupes spéciales qui utilisent le parachute ou le planeur pour pénétrer à l'intérieur des lignes ennemies. Aussitôt opérationnelles, elles s'emparent des points stratégiques et les contrôlent afin de préparer le terrain à une offensive terrestre.

Dès 1940, les parachutistes contribuent au succès foudroyant des offensives allemandes au Danemark et en Norvège (opération «Weser»), aux Pays-Bas, en Belgique, en Yougoslavie, en Grèce, en Crète…

Les Alliés, eux aussi, organisent des opérations aéroportées dont les deux plus célèbres sont «Overlord», le débarquement en Normandie (1944), et «Market», la prise des ponts sur le Rhin, en Hollande, également appelée la «Route de l'enfer» (1944).

Bataille d'Arnhem (1944). Des Dakota larguent 20 190 paras. 13 871 combattants arrivent sur les lieux transportés à bord de planeurs et 905 en avion : c'est la plus grande bataille aéroportée de l'histoire.

Fallschirmjäger Division, Allemagne.

101st Airborne Division, Etats-Unis. Les parachutistes de 1939-1945 *de gauche à droite :* Anglais Américain Russe Italien Allemand Japonais

Le jour «J»

L'opération «Overlord»

Dans le ventre des C-47 (Dakota).

Les paras américains sautent sur Sainte-Mère-Eglise.

L'aviation alliée prépare le futur débarquement par des bombardements tactiques : en 4 mois, 6 000 avions déversent 76 000 tonnes de bombes sur la France.

6 juin 1944

Les parachutistes seront les premiers au rendez-vous : 34 966 hommes, des centaines d'avions et de planeurs. Peu après minuit, le visage barbouillé de suie, des éclaireurs («pathfinders») sont largués pour baliser les zones de parachutage et d'atterrissage. Certains seront tragiques ; des planeurs se brisent contre les haies du bocage normand, des paras tombent dans la mer, s'enlisent dans des marais, échouent au milieu de l'ennemi. Un parachutiste, John Steele, atterrit sur le clocher de Sainte-Mère-Eglise où il reste accroché deux heures durant en faisant le mort.

Les avions de l'invasion

Depuis l'aube, les bombardiers pilonnent la côte. Plus de 11 000 appareils survolent la flotte de débarquement. Pour être reconnus, ils arborent autour du fuselage et des ailes 5 bandes blanches et noires alternées, appelées bandes d'invasion (ou bandes de débarquement). A partir de juillet 1944, ces bandes ne figurent plus que sur la partie inférieure du fuselage et l'intrados* des ailes pour disparaître totalement à la fin de la même année.

Le chasseur anglais Hawker Typhoon porte bien son nom. Avion d'appui tactique, filant à 650 km/h, il est armé de 4 canons de 20 mm, de 8 roquettes ou de 450 kg de bombes. Ces Typhoon arrêteront une puissante offensive de blindés allemands : c'est la première fois dans l'histoire que l'aviation stoppe, à elle seule, une attaque de cette envergure.

Un P-51 Mustang nord-américain tombé en mer et repêché en 1981.

Le bombardier

Les pilotes de l'enfer

Armement défensif d'un Boeing B.17 : les mitrailleuses pivotent...

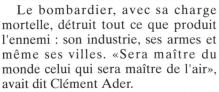

à l'avant

dessus

dessous

à l'arrière

Le bombardier, avec sa charge mortelle, détruit tout ce que produit l'ennemi : son industrie, ses armes et même ses villes. «Sera maître du monde celui qui sera maître de l'air», avait dit Clément Ader.

Chaque état-major s'est ingénié à construire des avions surpassant les meil-

A l'intérieur d'une Superforteresse

leurs de ses ennemis. C'est ainsi que la technique évolue, par émulation. Les monstres de la Première Guerre mondiale ne sont plus rien à côté de ces terribles quadrimoteurs venus du Nouveau Monde, construits à plus de 13 000 exemplaires, capables de transporter plus de 6 tonnes de bombes, 10 hommes, 13 mitrailleuses et que l'on baptise Forteresse Volante, Liberator...

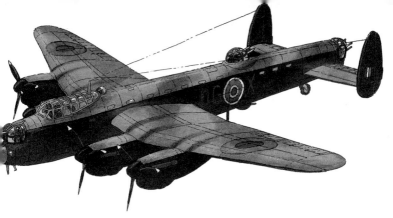

L'Amérique, à l'écrasante supériorité aérienne, produit en 1944 le plus puissant bombardier d'alors, le Boeing B.29, Superforteresse (53 tonnes) qui effectuera une effroyable mission : larguer la bombe atomique sur le Japon.

On ne voyait rien
On voyait rien
Le rien de l'abandon et de la désolation
Le rien du silence et de la dissolution
Le rien de la mort et de la démolition
On aurait pu l'entendre ce silence du rien
Mais on faisait trop de bruit nous
Nous au-dessus de ce silence

Edmond Petit

Avro Lancaster de la R.F.A, bombardier spécialement aménagé pour transporter «Grand Slam», la plus grosse bombe tactique du conflit (9 979 kg).

«Grand Slam»

L'«armure» des chevaliers des temps modernes, pour les grands froids en altitude : combinaison chauffante et blouson de cuir fourré.

55

Les raids

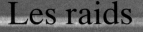

Les «forteresses de l'enfer»

Un B.17 sortit peu à peu de la formation sur la droite, maintenant son altitude. En une fraction de seconde, l'appareil fut complètement anéanti dans une explosion effroyable; il ne resta de lui que quatre petites boules de feu, les réservoirs de carburant, qui se consumèrent presque aussitôt dans leur chute libre.

Colonel Beirne Lay,
copilote de B.17
pour la Luftwaffe

A l'instar de la guerre de 1914-1918, on assiste à une escalade de la violence : à partir de 1940, l'Angleterre riposte aux raids de la Luftwaffe en organisant au-dessus de l'Allemagne les raids du Bomber Command*, puis l'U.S.A.A.F.*fait de même en 1944, sur le Japon.

A partir de mai 1942 sont lancés les «raids de mille avions» au-dessus des villes allemandes. Le monde est à feu et à sang : les grandes cités, Londres, Manchester, Munich, Berlin Dresde, Cologne, Tokyo, Kobé et bien d'autres, expirent sous les bombes.

Surnommés dans ces raids sur l'Allemagne les «forteresses de l'enfer», des B.17, symbole de la puissance conquérante de l'Amérique, sont attaqués par des chasseurs Focke-Wulf FW.190.

La fin de la guerre

Chasseurs et bombardiers à réaction

V.1*
(Vergeltungswaffe, arme de représailles) : petit avion sans pilote, propulsé par un réacteur simplifié…

… emportant 1 tonne d'explosifs à 500 km/h. Il en tombe, entre juin et septembre 1944, 8 000 sur l'Angleterre.

Le Yokosuka (MXY7) Ohka à trois moteurs-fusées, dans lequel prend place le pilote suicide, est une bombe de 1 200 kg, larguée d'un avion porteur. Les moteurs-fusées allumés, l'engin est dirigé à …

… environ 1 000 km/h contre le navire visé.

Le Bachem Ba. 349 Natter à moteur-fusées

Les efforts technologiques sont si importants tout au long de la guerre qu'à la fin du conflit apparaissent des armes nouvelles, dont certaines resteront à l'état de projet. Cependant, d'autres voient le jour. Ainsi, le chasseur à réaction allemand Messerschmitt Me. 262 et le premier bombardier à réaction Arado Ar. 234 surprennent les Alliés.

Cette étrange sensation de puissance et de supériorité m'emportait, chaque fois que je montais à bord d'un Me.262.
Johannes Steinhoff

Messerschmitt Me. 262, 1944 ; 1400 exemplaires avant la fin de la guerre.

Gloster Meteor, 1944 ; 200 exemplaires produits avant la fin de la guerre.

Du côté allié, le Gloster Meteor est le seul avion à réaction opérationnel.

Le B.29 *Bock's Car*

Le V.2

Les Japonais cherchent aussi l'arme secrète avec le Nakajima Kikka, bombardier à réaction. Mais la méthode kamikaze* est bel et bien une réalité : des unités sont organisées avec des bombes pilotées Ohka. Un des quelques 2000 pilotes suicides écrit :
Demain, je pars à l'attaque, robot dans un avion. Mais sur terre, j'ai été un homme qu'agitaient ses sentiments et ses passions. Je n'aurai pas peur de la mort... Demain, un être épris de liberté quittera ce monde. Excusez mon impolitesse.

Le V.2 (12 tonnes), véritable fusée (stratosphérique) atteint une vitesse de 5 500 km/h à 100 km d'altitude. Plus de 1000 V.2 sont lancés contre Londres, Anvers et Liège en 1944 et 1945.

La bombe A.

La bombe atomique. Le 6 août 1945, un bombardier américain B.29 largue sur Hiroshima la première bombe atomique : 130 000 victimes, 80 000 morts, la ville est totalement détruite. Le 9 août, Nagasaki subira le même sort.

Ce fut à ce moment précis. Le ciel s'embrasa. Comment expliquer cet éclat ? Le feu avait-il pris dans mes yeux ?
Groupe 6 août

Au centre de l'explosion, la température atteint 50 millions de degrés Celsius, 3 fois plus que celle du soleil !

59

Premier Espagnol
(armée nationaliste)
commandant
Joaquim
Garcia Morato
40 victoires

Premier Polonais
lieutenant-colonel
Stanislas Skalski
18 victoires

Le plus jeune général
allemand
Adolf Galland
104 victoires
(front occidental)

Premier Anglais
Group Captain
James Edgar Johnson
38 victoires

Premier Russe
Ivan Kojedoub
62 victoires

Premier Français
(Normandie-Niémen)
capitaine
Marcel Albert
22 victoires

Premier Français
(R.A.F.)
lieutenant
Pierre Clostermann
33 victoires

Premier Américain
(front Pacifique)
Major
Richard Bong
40 victoires

Premier Américain
(front européen)
lieutenant-colonel
Francis Gabreski
28 victoires

Les as

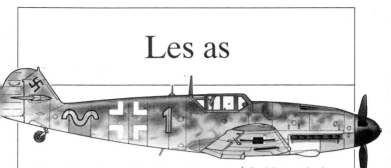

Parmi les innombrables pilotes de la Seconde Guerre mondiale, ils ne sont que quelques-uns à se distinguer vraiment, servis par la chance, par leur technique et par une équipe de mécaniciens dévoués.

La Luftwaffe, se battant sur plusieurs fronts à la fois, commande à ses pilotes mission sur mission, ce qui justifie les scores impressionnants des as allemands.

Nous sommes des objets de l'incohérence générale… Nous sommes des morceaux d'une grande construction dont il faut plus de temps, plus de silence et plus de recul pour découvrir l'assemblage.

Antoine de Saint-Exupéry

Les victoires sont peintes sur le fuselage ou sur la dérive de l'avion.

Le Messerschmitt Bf. 109 d'Erich Hartmann

Le major Erich Hartmann, surnommé Bubi (le *gosse*) par ses camarades, à 20 ans, sur le front oriental. Il devient «le blond chevalier de Germanie» et pour les Russes, «le diable noir de l'Ukraine». Ces derniers, contre lesquels il remporte la totalité de ses victoires, mettent sa tête à prix : 10 000 roubles. Seize fois descendu mais jamais blessé, il totalise, de 1942 à 1945, 352 victoires pour 825 combats aériens.

L'aviation commerciale d'après-guerre

L'avion américain Lockheed L.1049 Super Starliner. Apparu en 1957, cet avion à triple dérive et aux courbes harmonieuses transporte 88 passagers à une vitesse de 530 km/h et à une altitude de 7 600 m.
Au-dessus des turbulences, dans un habitacle pressurisé, les passagers circulent à bord sans danger.

Le Douglas DC-4, 1945, version civile du transport militaire C-54 issu du célèbre C-47 (Douglas DC-3). Il donne naissance au DC-6 en 1947 et au DC-7 en 1953.

L'avion français Breguet 763 Provence

Sécurité, efficacité, rentabilité : tels sont les mots d'ordre de l'aviation commerciale de l'après-guerre. C'est l'époque des grands voyages aériens. Les avions commerciaux bénéficient des progrès que la guerre a apporté aux avions de transport militaires. Vers 1946, les liaisons transatlantiques reprennent avec des Douglas DC-4 et des Lockheed L.049 Constellation, entrecoupées d'escales à Terre-Neuve et aux Açores qui, dix ans plus tard, seront supprimées avec les versions améliorées Douglas DC-7C et Lockheed L.1649 Super Starliner. Paris est à moins de 9 heures de New York !

Le Boeing 377 Stratocruiser à 2 ponts est un dérivé du bombardier
B. 29. Il est le plus gros et le plus rapide des avions de ligne d'alors.

*L'avion surgit des lointains (…) révèle un bref instant l'exact et pur dessin
de ses lignes harmonieuses projeté au zénith bleu, puis s'amenuise et se
fond dans cette brume légère où le ciel rejoint la terre.*   Robert de Marolles

Naissance des jets

Du moteur à fusées au moteur à réaction

Le Heinkel He.178
allemand est le
premier avion
à réaction à voler,
en 1939 (27 août).

L'ingénieur
britannique Franck
Whittle dépose en
premier, en 1930,
le brevet d'un
turboréacteur.

Pour faire voler l'avion plus vite encore, les ingénieurs tentent d'appliquer d'autres formules - dont les idées sont énoncées depuis longtemps déjà - que celle du moteur à pistons/hélices.

Ils transposent le principe de la fusée à l'avion. Imaginons un canon à poudre : au moment du coup, le souffle (flamme) part dans une direction et le canon recule sous la poussée, en sens inverse. Le canon, c'est l'avion (deux réalisations allemandes à moteur-fusées : le planeur de Opel, en 1929 ; le chasseur Messerschmitt Me. 163, en 1941).

Les ingénieurs ont l'idée de tirer profit de l'air dans lequel l'avion se déplace pour la propulsion. Le principe en est simple : il s'agit d'ouvrir l'avion à ses deux extrémités (ou le

Le vol de Fritz von Opel en 1929

cylindre moteur quand celui-ci est placé au-dessus du fuselage - Heinkel He.162 - ou sous les ailes pour le Messerschmitt Me.262). A l'avant, l'air s'engouffre dans un compresseur, puis, mélangé au kérosène (pétrole) qui brûle dans la chambre de combustion, il est porté à très haute température. La réaction des gaz chauds, éjectés dehors par la tuyère, développe la poussée du moteur. Au passage, ces gaz font tourner une turbine qui entraîne à son tour le compresseur : c'est un perpétuel mouvement.

L'avion à réaction apparaît aux Etats-Unis en 1942 avec le Bell XP-59 Airacomet, en Russie, en 1946, avec le Yakovlev Yak-15, et en France, la même année, le SO. 6000 Triton.

En 1940, les Italiens font voler le Caproni Campini propulsé par un motoréacteur : moteur classique à pistons qui entraîne le compresseur.

Le Heinkel He.162, 1944.

L'avion américain F-80 Shooting Star (étoile filante), le premier chasseur d'un nouvelle génération.

Le réacteur

La fin de l'ère des moteurs à pistons

Turboréacteur :
1/Compresseur
2/Chambre de combustion
3/Turbine
4/Arbre de transmission

Turbopropulseur :
C'est un turboréacteur dont une turbine supplémentaire entraîne une hélice fournissant la poussée.

Réacteur double flux :
Une soufflante travaille à la façon d'une hélice, entraînée par une turbine. Une partie du flux d'air est dirigée dans le moteur alors que l'autre partie est rejetée autour, fournissant l'essentiel de la poussée.

Les moteurs à réaction tirent leur puissance de l'air dans lequel ils évoluent. L'air est un comburant car, en se mélangeant au kérozène, il contribue à la combustion de ce dernier, donc à la propulsion de l'avion.

Les blocs-moteurs, soupapes, pistons et bielles disparaissent. De même le martèlement des explosions. Les nouveaux moteurs sont légers et plus puissants mais, en revanche, ils consomment énormément.

Le turboréacteur donne son meilleur rendement en altitude élevée, là où l'air, raréfié, diminue la consommation et la traînée. C'est le plus puissant, mais aussi le plus gourmand.

Le Lockheed Electra

Le turbopropulseur et le réacteur double flux, dérivé du turbo-réacteur, sont, quant à eux, plus efficaces à moyenne altitude et plus économiques.

Les avions à turbine

Avec les turbopropulseurs, l'hélice connaît encore de beaux jours. La qualité de vol est augmentée : confort, rapidité, silence.

Le Vickers Viscount (anglais) est le premier à entrer en service commercial : Londres-Paris en 1950. En 1959, le Bristol Britannia (anglais), le Lockheed Electra (américain) et l'Iliouchine Il.18 (russe) volent pour les compagnies aériennes.

Le plus grand est mis en service en 1961 : le Tupolev Tu.114 (russe) avec un rayon d'action de 10 000 km et transportant 220 passagers : Moscou-Tokyo ou Moscou-La Havane sans escale !

Une grande réussite parmi les avions à turbopropulseurs : le Fokker F.27 Friendship, 1958. L'avion hollandais est encore produit de nos jours.

Entre 1946 et 1952, forts de la puissance prometteuse des turbopropulseurs, des constructeurs envisagent à nouveau l'exploitation d'avions et d'hydravions géants : le Lockheed Constitution (92 t),

Le Bristol Brabazon : pour son décollage, la piste sera allongée, une route déviée et des maisons rasées.

l'hydravion Hughes H.4 Hercules (180 t), le Bristol Brabazon, anglais (145 t), l'hydravion Saunders Roe, anglais (150 t). Ils sont inadaptés, et leur carrière commerciale s'achève avant même d'avoir commencé.

Le réacteur

Révolution dans l'aviation commerciale

Le quadrimoteur Comet 1 du constructeur anglais de Havilland entre en service en 1952.

Hélas ! 2 ans plus tard, une série d'accidents met fin à sa carrière. On constate que la rapidité d'ascension et de descente entraîne de brutales variations de pression, nécessitant un fuselage plus résistant.

Le biréacteur Tu.104 du constructeur russe Tupolev, deuxième avion commercial à réaction du monde, prend du service en 1956.

Le constructeur français Sud-Aviation met en service sur la ligne Paris-Londres, en 1959, le biréacteur Caravelle. Son poste de pilotage

Alors que les constructeurs montent sur leurs avions les classiques moteurs à pistons, une firme anglaise a l'idée d'associer l'invention du réacteur à l'aviation de transport. Ainsi naît le Comet, précurseur de l'aviation commerciale moderne. La Russie

et la France emboîtent le pas. Avec des ailes en flèche contenant les réservoirs, assurant un rayon d'action d'environ 2000 km, ces avions volent en moyenne à 800 km/h, bien au-dessus des turbulences (vers 10000 m), et peuvent transporter de 50 à 80 passagers.

Le biréacteur Caravelle

Boeing et Douglas
Deux géants à la conquête du monde

En 1958 et 1959, les Américains mettent en service respectivement le Boeing 707 et le Douglas DC-8, deux long-courriers rivaux, de même structure et possédant à peu près les mêmes caractéristiques.

Le Boeing 707…

Dans les ailes, 65 000 l de carburant. Montréal est à 7 h de Paris !

…et son concurrent direct le DC-8.

William Boeing, 1881-1956, père de la célèbre firme.

Donald Douglas, 1892-1981

Nous avons crevé la dernière couche de nuages en débouchant dans la haute atmosphère. C'est comme ça qu'il faut voler : en douceur, sans secousses et avec de la puissance à revendre. Tout dans cette machine inspirait confiance.

Ainsi parle le commandant de bord du vol de démonstration du prototype Boeing 707, l'avion de ligne le plus gros et le plus rapide de l'époque.

Le temps est déjà loin où les aérobus prenaient l'air depuis les ports d'aviation pour le compte de la Compagnie des Grands Express Aériens.

Le grand chemin universel a joint régulièrement par une ligne droite chaque point du globe à chaque autre point, ce à quoi rêvaient les navigateurs.
Vélimir Khlebnikov

Le petit lexique des pilotes de l'enfer

Accélération transatlantique
Un hydravion chargé de courrier postal rejoint un paquebot transatlantique parti du même port 10 heures avant lui. Hissé à bord, il en est catapulté 10 heures avant l'arrivée du navire, vers le port de destination. Le courrier ainsi transporté gagne un temps considérable sur l'acheminement normal par bateau.

B.29
Bombardiers américains qui ont largué les bombes atomiques sur Hiroshima et Nagasaki.

Balles traçantes
Parmi les différents projectiles utilisés, les balles traçantes, dessinant leur trajectoire dans le ciel, permettent au pilote de corriger éventuellement son tir.

Ballons
Lors de la bataille d'Angleterre, le Ballon Command de la R.A.F. dispose des barrages de ballons pour protéger les points sensibles (stations radars, bases, grandes villes).
Les câbles d'acier, tendus et invisibles, sectionnent les ailes des avions ennemis imprudents qui volent à basse altitude. Une parade est mise au point par les Allemands avec le Heinkel He. 111 H-8 équipé d'une lame horizontale, en avant du fuselage, pour couper les câbles. Des barrages de ballons sont aussi employés pendant le débarquement en Normandie, afin de protéger les navires d'attaques à basse altitude.

Batman
Officier d'appontage chargé, sur les porte-avions, de rectifier par des signaux à bras, la présentation finale de l'appareil avant de donner au pilote l'autorisation d'apponter.

Bomber Command
Unités de bombardement de la R.A.F.

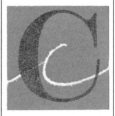

Canons
Arme plus puissante que la mitrailleuse utilisée progressivement par les chasseurs en raison de l'apparition progressive des blindages sur les avions ennemis, ou pour des missions

*La machine n'est pas un but. L'avion n'est pas un but :
c'est un outil. Un outil comme la charrue.*
Antoine de Saint-Exupéry

d'attaque au sol :
canon antichar, par
exemple.

Casserole d'hélice
Sorte de «chapeau»
aérodynamique
qui recouvre le moyeu
de l'hélice et de l'axe
de rotation.

Condensation
Formation de givre
par la vapeur d'eau
dégagée du moteur
en haute altitude.

Crimes de guerre
Le pilote allemand
Erich Hartmann est
condamné à la fin
de la guerre par
les Russes à 10 ans de
prison pour « crimes
de guerre et sabotage
de l'effort de guerre
de l'Union
Soviétique».

Défense passive
Personnes civiles qui,
pendant la bataille
d'Angleterre,

assurent des rôles
d'observation,
de secours, etc.

Dirigeable
(Traversées
commerciales
transatlantiques)
1919: le R-34 ouvre la
voie avec son célèbre
raid Ecosse-New
York-Angleterre.
1924 : le Zeppelin
Los Angeles vole de
Friedrichshafen
à New York.
1928 : le Graf-
Zeppelin accomplit
l'aller-retour
Friedrichshafen-
New York.
1930 : le R-100
fait l'aller-retour
Bedford-Montréal.
1936 : le *Hindenburg*
accomplit l'aller-retour
Friedrichshafen-
New York-Francfort.

Extrados
Surface supérieure
d'une aile d'avion.

Fighter Command
Unités de la chasse
de la R.A.F.

Hélicoptère moderne
L'appareil est doté
d'un rotor principal
(entraîné par un
moteur) qui assure
le soulèvement et
la propulsion, et
d'un petit rotor de
queue pour éviter
que l'hélicoptère
ne tourne sur lui-
même (effet de
couple).
Le premier vol libre
d'un hélicoptère
vraiment stable a lieu
le 13 mai 1940 avec
le Vought Sikorsky
VS.300.

altitudes, l'air se raréfie. On maintient l'intérieur du fuselage, habitacle de l'avion, à la pression normale.

Intrados
Surface inférieure d'une aile d'avion.

Lockeed
Le L.049 Constellation est apparu en 1945, le L.1049 Super Constellation, en 1951, le L.1649 Super Starliner, en 1957.

Régime moteur
Puissance développée par la marche du moteur, variable suivant la phase du vol : décollage, vitesse de croisière...

Revêtement travaillant
Plaques de revêtement métallique lisse de l'avion. Ces plaques, fixées entre elles par des rivets «travaillent» : elles réagissent avec souplesse aux contraintes de vol (vitesse, turbulences, etc.)

Kamikaze
Les avions utilisés par les pilotes suicides sont les chasseurs Zéro ou des bombes pilotées à moteur-fusée (larguées d'un avion porteur), appelées Ohka et surnommées Baka par les Américains (« stupidité »).
La fleur du cerisier est l'emblème du kamikaze, parce que belle et éphémère, elle est le symbole du sacrifice.

Porte-avions
Le porte-avions est protégé par sa D.C.A., son blindage et ses chasseurs, tandis que ses bombardiers en piqué et ses bombardiers torpilleurs attaquent la flotte ennemie.

Pressurisation
A de très hautes

Rotor
Le rotor désigne la voilure tournante d'un hélicoptère ou d'un autogire (pales et moyeu).

Très haut ! Plein ciel ! Me voici appuyé
sur les lois élastiques de l'air ! Ah ! Ah !
Me voici suspendu à pic sur la ville.
Filippo Tommaseo Marinetti

Roulette arrière
Le train d'atterrissage
d'un avion se
compose des roues
fixées sous les ailes et,
pour éviter que la
queue de l'appareil
touche le sol, d'une
roulette à l'arrière.
Les chasseurs de la
Seconde Guerre
mondiale roulent le
nez en l'air. Le pilote
doit donc rouler en
zigzag lors de ses
manœuvres pour
avoir une bonne
visibilité.

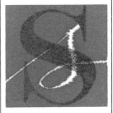

Stuka
Ce bombardier
en piqué place ses
projectiles à quelques
mètres près :
il accompagne ses
bombes et les lâche
dans l'axe de son
piqué, redressant à la
dernière minute.
Superstructure
(porte-avions)
Partie située au-
dessus de la partie
émergée.

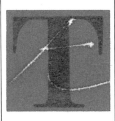

Tigres volants
En 1937, les pilotes
américains des
Curtiss P-40 lors de
missions aux côtés
des Chinois contre
les Japonais portent
un blouson orné
d'un drapeau
américain, d'un
drapeau chinois et
d'un texte rédigé en
chinois afin
d'identifier les pilotes
en cas d'accident :
«Je suis un aviateur
américain. Si mon
avion est détruit, je
ne peut pas parler
votre langue. Je suis
un ennemi des
Japonais. Ayez la
bonté de me soigner
et de me conduire
au bureau militaire
le plus proche.
Le gouvernement
de mon pays vous
récompensera».

U.S.A.A.F.
Armée de l'air
américaine : U. S.
Army Air Force.

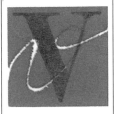

V.1
Bombes volantes
allemandes, lancées
sur Londres et
les grandes villes
anglaises.
Technique
d'interception des V.1 :
un chasseur allié
s'approche en
parallèle de l'engin
et, plaçant l'extrémité
de son aile sous celle
du V.1, déséquilibre
celui-ci et le dérive
de sa trajectoire.

Table des matières

Biographie

Né à Oran en 1959, **Jame's Prunier** revient en France à bord d'un Lockheed Super Constellation. A 2 ans, c'est son baptême de l'air. Trop jeune encore pour mener la fabuleuse vie d'un illustrateur, il suit Maurice, son père aviateur, et sa famille à Friedrichshafen, précisément là où s'envolaient les dirigeables Zeppelin et le Dornier Do.X pour l'Amérique. Puis, c'est Biscarosse, là où prenaient l'air les grands hydravions Latécoère pour les traversées transatlantiques.

Et, bien sûr, toujours le nez en l'air à scruter le passage du moindre aéroplane, il gribouille sur ses tables d'écolier des avions de toutes sortes sans savoir que, 15 ans plus tard, il obtiendrait une seconde «Hélice d'or » à Méribel pour le *Livre des as et des héros.*

A Cécile.

TABLE LES POEMES
Poèmes sélectionnés en partie par Edmond Petit